NOTES

DE DROIT ET DE JURISPRUDENCE

RELATIVES A LA

PROPRIÉTÉ LITTÉRAIRE ET ARTISTIQUE

PARIS

IMPRIMERIE TYPOGRAPHIQUE DE GEORGES KUGELMANN

13, RUE DE LA GRANGE-BATELIÈRE, 13

1862

NOTES

DE DROIT ET DE JURISPRUDENCE

RELATIVES A LA

PROPRIÉTÉ LITTÉRAIRE ET ARTISTIQUE

PARIS

IMPRIMERIE TYPOGRAPHIQUE DE GEORGES KUGELMANN

13, RUE DE LA GRANGE-BATELIÈRE, 13

1862

I

DISPOSITIONS GÉNÉRALES.

§ 1er. — La propriété intellectuelle consiste dans le droit exclusif pour l'auteur de communiquer au public les œuvres de son esprit ; elle comprend ces œuvres sous quelque forme et par quelque procédé qu'elles se produisent.

Législation. — 17 janvier 1841, projet de loi : art. 1er et 7

§ 2. — La propriété intellectuelle comprend :
Pour la littérature :

Les œuvres orales. — Les manuscrits. — Les lettres particulières. — Les livres imprimés. — Les livres classiques composés par des auteurs modernes. — Les articles de journaux. — Les œuvres dramatiques. — Les œuvres posthumes.

Pour les arts :

Les compositions musicales inédites ou imprimées. — Les plans et cartes géographiques. — Les dessins. — Les peintures. — Les gravures. — Les lithographies. — Les lithochromographies. — Les photoraphies. — Les sculptures. Les dessins et modèles d'art industriel.

Enfin toutes les productions obtenues par un procédé plastique quelconque.

Ce droit de propriété s'étend même aux œuvres pseudonymes ou anonymes, à la condition pour l'auteur, de se conformer aux prescriptions contenues dans la présente loi.

Droit étranger. — Les œuvres orales sont la propriété de leurs auteurs et ne peuvent être reproduites sans leur consentement. (Bavière, Brunswick, Portugal, Prusse, Saxe).

D'après les législations de l'Autriche, du duché de Bade, du duché de Brunswick, de l'Espagne, de la Prusse les livres, anonymes ou pseudonymes sont la propriété de l'éditeur; cependant d'après les législations du duché de Brunswick, de l'Espagne, de la Prusse, du duché de Saxe-Weimar, l'auteur qui se fait connaître postérieurement à la publication et avant l'expiration des délais déterminés, rentre dans tous ses droits. D'après les législations badoise et bavaroise, les livres anonymes ou pseudonymes qui ne portent pas de nom d'éditeur tombent immédiatement dans le domaine public.

D'après les législations autrichienne et portugaise et la convention austro-sarde l'usurpation du titre, lors même que ce titre n'était pas indispensable pour désigner le sujet de l'ouvrage, donne lieu à des dommages et intérêts.

Jurisprudence. — 10 juin 1856, trib. de Comm. de la Seine. 22 novembre 1855, trib. de la Seine. — 11 août 1856, c. de cassation de Belgique. — 25 février 1858, cour de chancellerie (Angleterre). — 12 décembre 1857, C. de Paris. — 6 juin 1859, C. de Cassation.

Droit de propriété de l'architecte sur un monument : 5 juin 1855, C. de Paris.

Propriété du titre d'un livre ; 24 février 1860, trib. civil de la Seine. — 3 août 1860, trib. de la Seine.

Collaboration : 9 août 1861, trib. de la Seine

§ 3. — Cette propriété absolue et exclusive au profit de l'auteur de l'œuvre s'exerce en sa personne et en celle de son conjoint conformément aux art. 544 et 545 du Code Napoléon.

Législation. — 30 août 1777, arrêt du conseil d'État du roi. 3 juillet 1777, arrêt du conseil d'Etat du roi. — 13 et 19 janvier 1791, décret relatif aux spectacles.—19 juillet, 6 août 1791, décret relatif aux spectacles. — 19 juillet 1793, décret relatif aux droits de propriété des auteurs, compositeurs de musique, peintres et dessinateurs : art. 1er. — 5 février 1810, décret impérial contenant règlement sur l'imprimerie et la librairie, art. 39. — Loi du 8 avril 1854.

Jurisprudence. — 16 décembre 1859; C. de Paris.—V. les considérants de cet arrêt très-importants, au point de vue du principe de la propriété intellectuelle.

§ 4. — La propriété intellectuelle s'acquiert et se transmet par les moyens énoncés dans l'art. 711 du Code Napoléon, elle est soumise aux règles spéciales établies dans les articles suivants.

Droit étranger. — En Belgique, en Espagne, en Prusse, en Saxe, en Portugal, dans les Pays-Bas, en Bavière, dans le duché de Bade, la transmission de la propriété littéraire et artistique a lieu d'après les principes du droit commun. pour tout ou partie de l'ouvrage suivant les stipulations des parties. D'après la législation anglaise la propriété littéraire et artistique se transmet comme tout bien mobilier.

Législation. — 19 juillet 1793. décret relatif aux droits de propriété des auteurs compositeurs de musique, peintres et dessinateurs : art. 2 et art. 7. — 5 février 1810, décret impérial contenant règlement sur l'imprimerie et la librairie : art 40. — 3 août 1844, Loi relative au droit de propriété des veuves et des enfants des auteurs d'ouvrages dramatiques. — 17 janvier 1841, projet de loi : art. 3.

Jurisprudence. — 24 décembre 1857. Trib. civ. de Lyon.

§ 5. — Lorsqu'un auteur aura cédé tout ou partie de ses droits sur son œuvre, cette cession ne sera présumée faite que pour une édition seulement, à moins de stipulations spéciales formellement exprimées.

Droit étranger. — D'après les législations de Saxe et de Bavière l'auteur, à moins de stipulations contraires, est considéré comme n'ayant cédé sa propriété que pour une édition seulement; mais en Bavière, le chiffre d'exemplaires n'est point limité tandis qu'en Saxe il ne doit point dépasser mille.

Législation. — 17 janvier 1841, projet de loi : art. 2.

§ 6. — Le cessionnaire, du vivant de l'auteur, ne pourra faire à ses œuvres de modifications sans une autorisation formelle ; à partir du décès de l'auteur toute modification est interdite et son œuvre ne peut être retirée de la circulation pour quelque cause que ce soit.

Jurisprudence. — 11 avril 1856, C. de Paris. — 14 décembre 1859, Trib. civ. de la Seine. — 5 juillet 1859, C. de Paris. — 14 août 1860, C. de Paris.

§ 7. — Les manuscrits inédits et les lettres particulières pourront être publiés après la mort de l'auteur , conformément à l'expression de ses dernières volontés ; en l'absence d'une volonté dernière formellement exprimée par lui , la publication pourra en être faite par toute personne qui les possède légitimement,

Droit étranger. — Les manuscrits inédits ne peuvent être publiés même après a mort de l'auteur sans le consentement de ses héritiers en Angleterre, à aucune époque, en Belgique pendant vingt ans, en Prusse et en Wurtemberg pendant trente ans.

Jurisprudence. — 3 février 1857, C. de Paris. — 4 mai 1857, C. de Paris.

§ 8. — A la mort de l'auteur, son droit, à moins de cessions ou de dispositions contraires, est dévolu à son conjoint, et à défaut de conjoint à ses héritiers.

Art. 7. — Tout auteur d'une œuvre intellectuelle qui voudra jouir du bénéfice de la présente loi devra, en publiant son œuvre, soit en France, soit à l'étranger,

En ce qui concerne les œuvres littéraires :

1° Faire au bureau de la librairie (ministère de l'Intérieur), le dépôt de deux exemplaires pour les livres sans gravure. Ce dépôt devra être effectué dans les trois mois qui suivront la publication.

2° Faire inscrire le titre de l'ouvrage sur un livre tenu à cet effet au ministère de l'Intérieur pour le département de la Seine, et dans les préfectures et sous-préfectures pour les autres départements. Cette inscription devra être faite dans les trois mois qui suivront la date du dépôt légal.

Lorsqu'un ouvrage paraîtra par volumes séparés, les formalités indiquées ci-dessus devront être remplies dans les trois mois, à partir de la publication de chaque volume ; le même délai sera applicable aux volumes paraissant par livraison.

En ce qui concerne les œuvres artistiques :

1° Faire au bureau de la librairie (Ministère de l'Intérieur) le dépôt de quatre exemplaires pour les gravures isolées, les lithographies, les photographies, la lithochromographie, la musique, et dans le même délai que ci-dessus.

Faire sur un registre tenu à cet effet, au ministère de l'Intérieur, pour le département de la Seine, dans les préfectures et sous-préfectures pour les autres départements, une déclaration qui énoncera la description complète de son œuvre (tableau, sculpture ou tout autre produit d'un art plastique), la dimension exacte et en même temps la réserve du droit de reproduction, soit dans les mêmes dimensions, soit dans des dimensions plus grandes ou plus petites.

Cette déclaration devra être faite dans le délai d'un mois à partir du jour de la circulation.

Droit étranger. — Les œuvres littéraires sont soumises au dépôt et à l'enregistrement sans détermination de temps pour ces formalités en Angleterre, Bavière, Havre, Portugal et Saxe; la Prusse n'exige le dépôt que pour les livres étrangers par interprétation des conventions internationales. En Belgique et en Espagne le dépôt doit avoir lieu dans les trois mois qui suivent la publication du livre. Les mêmes formalités sont applicables aux ouvrages publiés par livraisons. Sont affranchis du dépôt les journaux et recueils périodiques. Les formalités de l'enregistrement et du dépôt sont exigées pour les compositions musicales comme pour les livres.

D'après la loi prussienne, l'auteur d'une œuvre d'art originale doit, avant la mise en vente d'une reproduction, faire une déclaration à la direction des beaux-arts, à défaut de cette déclaration l'œuvre tombe dans le domaine public ; même disposition dans le duché de Saxe-Weimar et de Brunswick.

Législation. — 17 janvier 1841, projet de loi, art. 17.

Jurisprudence. — 3 août 1854. C. de Paris. — 21 juillet 1855, C. de Cassation. — 1er avril 1857, C. d'Orléans. — 11 décembre 1857, C. de Paris. — 19 mars 1858, C. de Cassation. — 15 octobre 1859, trib. de com. de la Seine. — 29 décembre 1860, C. de Paris. — 6 juin 1861 C. de Paris.

§ 10. — La conservation du droit de propriété sur les œuvres orales et les manuscrits n'est soumise à aucune espèce de formalité jusqu'au moment où elles prennent la forme d'un livre imprimé; dès lors, les formalités relatives aux livres imprimés leur sont applicables.

Droit étranger. — La loi anglaise donne au propriétaire d'un manuscrit la faculté de le faire enregistrer à l'hôtel de la corporation des libraires (*stationers' hall*) à Londres. Cet enregistrement pour lequel est perçu un droit de 5 schillings (6 fr. 25 c.), assure la propriété à de celui qui a requis l'enregistrement jusqu'à l'admission en justice de droits mieux établis. La loi portugaise accorde également la faculté de faire enregistrer les manuscrits.

§ 11. — L'auteur original, ou le traducteur d'une œuvre dramatique, ne sont soumis, pour la conservation du droit de représentation, à l'accomplissement d'aucune formalité.

Droit étranger. — La convention anglo-française soumet la conservation du droit de représentation des œuvres dramatiques à l'enregistrement au *stationers' hall*, à Londres pour les ouvrages français et au bureau de la librairie, à Paris, pour les ouvrages anglais; l'enregistrement doit avoir lieu dans les trois mois de la première représentation; il est également exigé par les conventions anglo-hanovrienne et anglo prussienne.

§ 15. — L'auteur original d'une composition musicale n'est soumis à l'accomplissement d'aucune formalité pour la conservation du droit exclusif d'exécution, soit par lui-même, soit par un orchestre.

Droit étranger. — Les conventions conclues par l'Angleterre avec la France, le Hanôvre et la Prusse prescrivent l'enregistrement pour la conservation du droit d'exécution des œuvres musicales.

Art. 7. — Les héritiers, cessionnaires ou ayants-droit à un titre quelconque de l'auteur d'une œuvre intellectuelle, en auront la propriété exclusive et absolue pendant trente ans, à partir du décès du conjoint de l'auteur.

Dans le cours de la trentième année, s'ils veulent conserver la propriété directe, ils devront déclarer sur le registre tenu à cet effet, soit au ministère de l'Intérieur, soit dans les préfectures et sous-préfectures, l'intention où ils sont de faire acte de la publication dans le délai d'une année à partir de l'expiration des trente ans.

En l'absence de cette déclaration, ou en cas d'inexécution dans l'engagement pris, l'œuvre tombera dans le domaine public, et chacun pourra la publier moyennant une redevance de 5 0⁄0 du prix de vente ou la faire exécuter moyennant un droit qui sera de moitié de celui attribué à l'auteur vivant.

17 janvier 1841, projet de loi: art. 8-9. — Loi du 8 avril 1854.

§ 14. — A défaut d'ayants-droit pour toucher la redevance due à l'auteur d'une œuvre intellectuelle, les sommes à payer seront versées au Trésor et, suivant la nature de l'œuvre, seront destinées à former un fonds de secours pour les gens de lettres, les artistes, les musiciens, les auteurs dramatiques.

Ces secours seront accordés par le ministre d'Etat sur la proposition de la Société à laquelle se rattachera la profession de l'impétrant.

La redevance sur les œuvres anonymes ou pseudonymes dont les auteurs ne se seront pas fait connaître sera payée conformément à ce qui est dit ci-dessus, à partir de la publication.

§ 15. — Parmi les œuvres actuellement tombées dans le domaine public, seront exemptes de redevance celles seulement pour lesquelles il n'existe aucun héritier en ligne directe.

§ 16. — Les œuvres posthumes appartiennent pendant trente ans, à partir du jour de la publication, aux héritiers ou ayants-cause de l'auteur, et, à leur défaut, à l'éditeur de ces œuvres; mais elles doivent être publiées séparément sous peine de tomber dans le domaine public avec les autres œuvres de l'auteur.

Droit étranger. — En Angleterre, en Belgique, en Prusse et en Wurtemberg, les ouvrages posthumes ne peuvent être publiés sans le consentement des héritiers de l'auteur pendant un temps déterminé.

Législation. — 1ᵉʳ germinal an xiii; décret impérial concernant les droits des propriétaires d'ouvrages posthumes. — 8 juin 1806; décret impérial concernant les théâtres, tit. III, art. 12.

Jurisprudence. — 3 février 1857, C. de Paris. — 31 mars 1858, C. de Cassation.

§ 17. — A chaque changement qui se produira dans la propriété d'une œuvre intellectuelle, mention en sera faite à la diligence des intéressés, en marge du registre d'inscription tenu au ministère de l'Intérieur et dans les préfectures.

Droit étranger. — En Angleterre, la cession d'une propriété littéraire ou artistique peut s'opérer par un enregistrement semblable à celui qui sert à l'auteur à faire constater son droit de propriété; le fonctionnaire préposé aux enregistrements délivre des expéditions des déclarations qui lui sont faites et ces déclarations servent de titres aux parties.

II

DISPOSITIONS PARTICULIÈRES.

§ 18. — Les manuscrits appartenant aux bibliothèques publiques sont la propriété de l'Etat et ne peuvent être publiés sans une autorisation spéciale.

Il en est de même des ouvrages publiés par les Académies et autres corps savants.

Droit étranger. — La loi espagnole accorde au premier éditeur, le droit exclusif de reproduire le manuscrit qu'il a publié pendant un temps déterminé.

La propriété est perpétuelle en Angleterre pour les manuscrits inédits et les ouvrages appartenant à l'Etat et aux universités.

Législation. — 17 janvier 1841, projet de loi. Art. 8.

Jurisprudence. — 31 mars 1858, C. de cassation.

§ 19. — Dans les ouvrages publiés par les
Académies, par les Universités et par les autres
corps savants, chaque partie de l'ouvrage appartient au membre qui l'a fournie.

§ 20 — Dans un journal, dans un recueil périodique ou dans un livre composé d'articles séparés et fait en collaboration par plusieurs auteurs, chaque article reste, à moins de stipulations contraires, la propriété de l'auteur qui l'a fourni.

La propriété d'un ouvrage composé d'articles séparés, tel qu'un dictionnaire, appartient pour l'ensemble à celui qui en a conçu et fait exécuter le plan.

Dans les œuvres, telles que les comédies, musique d'opéras, etc., où la part fournie par chaque collaborateur ne peut être exactement déterminée, chaque auteur conserve un droit absolu de publication et de représentation, et, à moins de stipulations écrites, les bénéfices doivent se partager également entre les divers collaborateurs.

Droit étranger. — D'après la législation de l'Autriche, de la Saxe et du Wurtemberg, les ouvrages publiés par une réunion d'auteurs sont exclusivement la propriété de l'éditeur.

D'après la loi autrichienne, lorsqu'un ouvrage est de deux ou plusieurs auteurs, le consentement d'un seul suffit pour en autoriser la représentation.

Jurisprudence. — 16 juillet 1853 et 4 mai 1854, C. de Cassation. — 10 juillet 1854 et 12 février 1855, C. d'Orléans. — 16 juin 1855, C. de Cassation. — 3, 10 et 17 juin 1856, Trib. de la Seine. 29 juillet 1857, C. de Paris. — 20 novembre 1857, C. de Paris. — 6 janvier 1858, Trib. de la Seine. — 21 juin 1858, C. de Paris. — 20 juillet 1853, Trib. de la Seine.

§ 21. — Les sermons, les leçons publiques, les discours académiques, parlementaires ou judiciaires ne peuvent être reproduits, sans le consentement de l'auteur, que séparément et à titre de citations et de comptes-rendus.

§ 22. — Les citations littérales de passages isolés d'ouvrages publiés sont permises à la condition d'être accompagnées de l'indication d'origine.

Toutefois celui qui, sous prétexte de citations, reproduirait une partie importante de l'ouvrage d'autrui sera considéré comme contrefacteur.

Droit étranger. — Les citations littérales de passages isolés d'ouvrages publiés sont permises par les législations autrichienne, bavaroise, portugaise, prussienne, d'Anhalt-Coëthen, du duché de Brunswick, de Hesse-Darmstadt.

D'après les mêmes législations, l'auteur seul a le droit de publier séparément des extraits de son œuvre.

La reproduction des articles de journaux est autorisée par les conventions avec l'Angleterre, la Belgique, l'Espagne, le Portugal et la Sardaigne, à la condition d'en indiquer l'origine.

La législation bavaroise autorise la reproduction sans condition.

D'après le traité Franco-Belge, Franco-Anglais et Franco-Portugais, l'auteur d'un article de journal autre que des articles de discussion politique peut en interdire la reproduction au moyen d'une mention imprimée dans le numéro du journal où son article a paru.

Jurisprudence. — 24 mai 1855, C. de Cassation. — 1er décembre 1855, C. deParis. — 17 avril 1858, Trib. corr. de la Seine. — 16 août 1859, C. de Paris. — 22 juin 1859, Trib. corr. de la Seine. — 1er juillet 1859, Trib. de la Seine. — 13 août 1859, C. de Paris. — 24 déc. 1859, C. de Paris. — 22 mars 1860, Trib. corr. de Paris. — 22 août 1860, Trib. corr. de la Seine. *Contrà* : 25 juillet 1857, Trib. de la Seine.

§ 23. — L'auteur qui a vendu la propriété de son livre conserve néanmoins le droit d'y apporter des changements, soit dans le plan, soit dans la forme, et, en raison de leur importance, de publier ou de vendre son travail comme une œuvre nouvelle.

III.

TRADUCTIONS.

§ 24. — Le droit de traduction, comme démembrement de la propriété intellectuelle, est réservé exclusivement à l'auteur du livre ou à ses ayants-droit, quelle que soit la langue dans laquelle l'œuvre originale aura paru.

Le traducteur a sur sa traduction les mêmes droits que l'auteur sur l'œuvre originale.

Droit étranger. — La traduction des articles de journaux n'est interdite explicitement que par les traités Anglo-Français et Franco-Portugais, et seulement au profit de l'auteur qui se l'est réservée.

La législation Belge interdit de publier une traduction sans le consentement de l'auteur de l'ouvrage original, à moins que cet ouvrage ne soit parvenu à sa seconde édition.

Les législations du duché de Brunswick, du royaume de Prusse et du duché de Saxe-Weimar réservent : 1° à l'auteur d'un ouvrage écrit en langue morte le droit de le traduire en allemand ; 2° à l'auteur qui publie simultanément son ouvrage en plusieurs langues, le droit exclusif de le faire paraître dans ces diverses langues ; 3° à celui qui annonce sur le titre de son ouvrage l'intention de le traduire dans une langue quelconque, le droit exclusif de le publier dans cette langue, à la condition de faire paraître sa traduction dans les deux ans.

D'après la la législation du grand duché de Hesse, un ouvrage écrit dans une langue savante ne peut être traduit en allemand sans le consentement de l'auteur, à moins qu'il ne laisse écouler plus de deux ans avant de donner lui-même une traduction.

La législation de l'Autriche admet la réserve du droit de traduction en faveur de l'auteur original; la traduction doit paraître dans l'année.

La réserve du droit de traduction a été consacrée en faveur de l'auteur original dans les conventions conclues par la France avec l'Angleterre, la Belgique, l'Espagne, le Portugal et la Sardaigne ; par l'Angleterre avec la France, le Hanovre et la Prusse par l'Autriche avec la Sardaigne.

Une traduction peut, par suite des droits réservés à l'auteur original, être protégée contre toute autre traduction.

Jurisprudence. — Sur le droit de l'auteur de l'œuvre originale relativement à la traduction (V. *Ann. de la prop. indust. art. et litt.*, t. II., p. 65).

§ 25. — La conservation du droit de traduction sur un livre est soumise aux formalités de dépôt, prescrites par le paragraphe de l'art. Elle doit être faite de la même manière et dans les mêmes délais. Lorsque l'ouvrage paraît par volumes séparés ou par livraisons, le dépôt est obligatoire pour chaque partie comme pour un ouvrage complet. Le défaut de dépôt de la première livraison en temps utile peut entraîner la perte du droit de traduction pour l'ouvrage entier ; pour les autres livraisons, le dépôt devra être fait dans les trois mois qui suivront la publication de la dernière partie de l'ouvrage.

Droit étranger. — Les diverses législations et conventions prescrivent sur le titre du livre la mention suivante : *l'auteur se réserve le droit de traduction en toutes langues.* Lorsque l'ouvrage paraît par livraison la mention suffit sur la première livraison.

§ 26. — L'auteur d'une œuvre originale, qui a rempli les formalités prescrites pour la conservation du droit de traduction, perd ce droit s'il n'en fait usage dans les délais suivants :

La traduction devra être publiée au moins en partie dans l'année qui suivra le dépôt de la dernière livraison, et achevée en totalité dans les trois ans.

Si l'ouvrage paraît par volumes séparés, la traduction devra être faite, pour partie au moins de chaque volume, dans l'année qui suivra le dépôt.

Pour les articles de journaux et les pièces de théâtre, la traduction devra être faite dans les trois mois qui suivront le dépôt.

Droit étranger. — Le délai pour la traduction à partir de la publication de l'ouvrage original est de deux ans dans les duchés de Brunswick, de Saxe-Weimar, de Hesse et en Prusse; d'un an en Autriche; aux termes de la convention franco-espagnole et austro-sarde, le délai est de six mois à partir de la publication; d'un an d'après la convention franco-sarde. D'après la convention anglo-française et franco-belge, la traduction doit être publiée au moins en partie dans l'année du dépôt et en totalité dans les trois ans. Le délai est également d'un an d'après la convention franco-portugaise pour les traductions d'ouvrages dramatiques; le délai n'est que de trois mois à partir du jour du dépôt aux termes des conventions conclues par la France avec l'Angleterre, la Belgique et l'Espagne.

§ 27. — Une œuvre sur laquelle l'auteur a perdu ses droits, par suite de l'inexécution ou de l'omission des formalités prescrites, peut être traduite par tout le monde, et chaque traducteur ne peut prétendre à un droit exclusif et absolu que sur sa propre traduction.

§ 28. — Toute traduction qui n'est que la reproduction déguisée d'une autre traduction constitue le délit de contrefaçon et peut être poursuivie comme telle.

§ 29. — Le droit de faire représenter la traduction d'un ouvrage dramatique appartient également à l'auteur original et au traducteur ; le consentement d'un seul suffit.

Le traducteur sera tenu de payer à l'auteur original le tiers des droits perçus.

Droit étranger. — Diverses conventions internationales ont consacré le principe que le droit de faire représenter la traduction d'un ouvrage dramatique n'appartient qu'à l'auteur original.

D'après la convention franco-portugaise, celui qui traduit une œuvre dramatique n'est tenu de payer à l'auteur original que le quart des droits qu'il perçoit.

Jurisprudence. — 6 mars 1861, Trib. de la Seine.

§ 30. — Un traducteur ne peut s'opposer à la représentation d'autres traductions du même ouvrage dramatique, à moins toutefois qu'elles n'offrent le caractère d'une reproduction déguisée, auquel cas il pourra les poursuivre comme contrefaçon.

Jurisprudence. — 11 décembre 1857, C. de Paris.

IV

REPRODUCTIONS ARTISTIQUES ET EXÉCUTIONS D'ŒUVRES MUSICALES.

§ 31. — Lorsqu'un compositeur de musique a vendu son œuvre originale, le droit de l'arranger pour orchestre ou autrement, d'y prendre le thème d'une variation, reste exclusivement la propriété de l'auteur, à moins de stipulations contraires. Les formalités de dépôt, en vue du droit d'exécution et de publication, sont les mêmes à remplir pour les arrangements et variations que pour l'œuvre originale.

Droit étranger. — Le droit d'arrangement et d'orchestration sur une composition musicale est expressément réservé à l'auteur par les législations du duché de Brunswick et de Prusse et par la convention franco-belge; il est également reconnu par la législation autrichienne, mais à la condition d'en indiquer la réserve sur la composition originale. La législation du grand duché de Hesse permet, en dehors même de l'autorisation de l'auteur, des arrangements qui peuvent être considérés comme une œuvre nouvelle.

§ 32. — Le droit de reproduction d'une œuvre d'art par quelque procédé que ce soit étant indépendant du droit de propriété sur cette œuvre, ce droit reste toujours la propriété de l'artiste, même après l'aliénation de l'œuvre, à moins de stipulations contraires formellement exprimées.

Droit étranger. — Le droit de reproduction suit la propriété de l'œuvre originale d'après les lois de l'Autriche, du duché de Brunswick, du Portugal et la convention austro-sarde, à moins de stipulations contraires formellement exprimées.

Législation. — 1841; *Du droit des peintres et des sculpteurs sur leurs ouvrages*, par Horace Vernet, note adressée par l'Académie des beaux-arts au ministre de l'Instruction publique, et observations adressées par les artistes à la Chambre des députés. — *Contrà* : 17 janvier 1841, projet de loi, art. 13, 30 mars 1841. Chambre des députés, discours de M. Dupin.

Jurisprudence. — 14 mars 1856, C. de Paris. — 5 décembre 1855, Trib. de comm. de la Seine. — 13 février 1857, C. de Cassation. — 1er avril 1857, C. d'Orléans. — 24 décembre 1857, Trib. civ. de Lyon. — 1er juillet 1858, C. de Paris. — 2 juillet 1858, Trib. civ. de la Seine. — 4 février 1859, Trib. de comm. de la Seine. — 6 juin 1861, C. de Paris. — *Contrà* : 28 juin 1856, C. de Paris.

§ 33. — Toutefois sont autorisées :

Les copies à la main qui ne seront pas faites dans un but mercantile ;

Les copies insérées dans le texte de recueils périodiques à l'époque des expositions d'œuvres artistiques.

Droit étranger. — Les copies sont autorisées dans de certaines conditions différentes de forme, de grandeur et de procédé par les législations d'Autriche, de Brunswick, de Prusse, de Saxe-Weimar, de Wurtemberg et la convention austro-sarde.

Jurisprudence. — *Contrà* : 2 juillet 1858, Trib. civ. de la Seine.

§ 34. — L'auteur d'une composition musicale, et l'auteur des paroles qui accompagnent la musique, leurs héritiers ou ayants-cause ont seuls le droit d'en autoriser l'exécution en public, à moins toutefois que cette exécution n'ait lieu d'une manière purement gratuite.

Droit étranger. — D'après la loi autrichienne, lorsqu'une composition musicale est de plusieurs auteurs, le consentement d'un seul suffit pour en autoriser l'exécution.

Jurisprudence. — 26 avril 1849. — 23 mai 1851, C. de Paris. — 7 janvier 1852, C. de Lyon. — 24 juin 1852, C. de cassation. — 6 janvier 1853, C. de Paris. — 12 juillet 1855, C. de Paris. — 20 novembre 1857, C. de Paris. — 23 février 1859, C. de Riom. — 19 mai 1859, C. de cassation. — 28 juillet 1859, C. de Lyon.

V

DISPOSITIONS PÉNALES.

§ 35. — La contrefaçon est un délit qui consiste dans l'intention frauduleuse de s'attribuer, tout ou partie de l'œuvre d'autrui, par une imitation plus ou moins bien dissimulée, pour en recueillir les avantages au préjudice de l'auteur, quels que soient du reste les procédés employés par le contrefacteur.

Sont assimilés à la contrefaçon et punis comme tels la publication d'un ouvrage inédit sans le consentement de l'auteur.

Le surmoulage de copies ou réductions d'œuvres de sculpture appartenant au domaine public.

Sera également considéré comme contrefacteur quiconque aura vendu les produits de la contrefaçon.

Droit étranger - D'après la législation bavaroise l'éditeur ou l'imprimeur qui, dans le tirage dépasse le nombre d'exemplaires convenus avec l'auteur est considéré comme contrefacteur; les livres de commerce de l'éditeur ou de l'imprimeur doivent à toute réquisition être mis à la disposition de l'auteur.

Législation. — 28 mars 1852. Décret sur la contrefaçon d'ouvrages étrangers.

Jurisprudence. — 11 décembre 1857, C. de Paris. — 19 novembre 1858, Trib. corr. d'Ypres. — 22 mars 1860, Trib. corr. de la Seine.—16 déc. 1859, C. de Paris. — 11 avril 1860, Trib. corr. de la Seine.— 30 mai 1861, Trib. corr. de la Seine. — 26 novembre 1861, C. de Paris. — 17 août 1860, Trib. civ. de la Seine. — 12 juillet 1861, C. de Paris.

§ 36 — Quiconque, au préjudice des droits garantis par la présente loi, aura commis le délit de contrefaçon, ou débité sciemment des produits de la contrefaçon, sera passible d'un emprisonnement de cinq jours à un an et d'une amende de trois cents francs à deux mille francs, sans préjudice des dommages et intérêts.

Droit étranger. — Les législations des divers États de l'Europe condamnent presque toutes le contrefacteur à la confiscation des objets contrefaits, à une amende qui varie entre 50 et 3,000 fr. de notre monnaie et à des dommages et intérêts évalués sur le préjudice causé. Les législations Autrichienne, Bavaroise, Hollandaise et Portugaise assimilent au contrefacteur celui qui a débité les produits de la contrefaçon; en Autriche et en Bavière, le délinquant qui ne peut acquitter l'amende est condamné à un emprisonnement qui varie entre une semaine et six mois. En Belgique, le contrefacteur peut en outre être déclaré inhabile à exercer la profession de libraire ou d'imprimeur dès le premier délit. En Angleterre, les poursuites en contrefaçon sont renvoyées suivant les cas, devant un jury chargé de fixer la quotité des dommages-intérêts.

Législation. — 19 juillet 1793, décret relatif aux droits de propriété des auteurs, compositeurs de musique, peintres et dessinateurs; art. 4 et art. 5., 17 janvier 1841, projet de loi; art. 19, 20.

Jurisprudence. — 19 mars 1858. C. de Cassation.

§ 37. — Sera puni des mêmes peines quiconque aura sciemment introduit sur le territoire français, même en transit, ou aura débité des exemplaires d'éditions contrefaites à l'étranger.

Droit étranger — La législation Holandaise punit comme contrefacteur celui qui a introduit en Hollande les produits de la contrefaçon.

Législation. — 17 janvier 1841, projet de loi: art. 20.
Jurisprudence. — 10 janvier 1859. C. de Paris.

§ 38. — Dans les deux cas qui viennent d'être spécifiés, s'il y a récidive, l'emprisonnement pourra être élevé jusqu'à deux ans, et si le prévenu est imprimeur-libraire ou seulement libraire, ses brevets ou son brevet pourront lui être retirés.

Droit étranger. — D'après les législations Espagnole et Portugaise, le récidiviste peut être condamné à un emprisonnement d'un ou de deux ans. Dans les Pays-Bas, il peut être déclaré inhabile à exercer la profession de libraire ou d'imprimeur. Voy. art. 9, note.

Législation. — 17 janvier 1841, projet de loi : art. 21.

§ 39. — Dans tous les cas prévus par les articles précédents, les objets contrefaits, les pierres, gravures, moules et matrices ayant servi ou étant destinés à la contrefaçon, seront confisqués au profit de la partie lésée.

Droits étrangers. — Voir l'art.

Législation. — 17 janvier 1841, projet de loi : art. 22.

Jurisprudence. — 11 décembre 1857, C. de Paris. — 19 mars 1858, C. de Cassation. — 10 janvier 1859, C. de Paris. Voy. *Ann. de la prop. ind. litt. et art.* t. III. p. 151.

§ 40. — La contrefaçon pourra être constatée par un commissaire de police ou par un huissier sur la simple réquisition et aux risques et périls du poursuivant.

Législation. — 19 juillet 1793, décret relatif aux droits de propriété des auteurs, compositeurs de musique, peintres et dessinateurs : art. 3.

§ 41. — Les délits de contrefaçon se prescrivent par trois ans révolus à partir de la dernière publication ou représentation de l'œuvre contrefaite ; les faits nouveaux de contrefaçon interrompent cette prescription pour tous les délits qui ne sont point séparés des délits postérieurs par une période de plus de trois années.

Jurisprudence. — 24 avril 1856, C. de Paris.—29 décembre 1860, C. de Paris. — 30 mai 1861, Trib. corr. de la Seine. — 28 novembre 1861, C. de Paris. — *Contrà* 24 février et 13 novembre 1855, C. de Paris.

Annot. (rééd.). — 21 avril 1850, C. de Paris. — 30 décembre
1850, C. de Paris. — 30 mai 1901, trib. corr. de la Seine. —
21 novembre 1895, C. de Basin. — Versen et Paris et 13 novembre 1895, C. de Paris.

§ 41. — Les délits de contrefaçon se prescrivent par trois ans à partir de la dernière publication, ou représentation de l'œuvre
contrefaite; les faits nouveaux de contrefaçon
interrompront cette prescription, de tous les
délits qui ne sont point connus des délits postérieurs par une période de plus de trois années.

www.ingramcontent.com/pod-product-compliance
Ingram Content Group UK Ltd.
Pitfield, Milton Keynes, MK11 3LW, UK
UKHW021011120726
13693UKWH00005B/1906